Esto es lo que quiero ser

Enfermero

Heather Miller

Traducción de Carlos Prieto

Heinemann Library
Chicago, Illinois

Designed by Sue Emerson, Heinemann Library
Printed and bound in the United States by Lake Book Manufacturing, Inc.

07 06 05 04 03
10 9 8 7 6 5 4 3 2 1

Library of Congress Cataloging-in-Publication Data
Miller, Heather.
[Nurse. Spanish]
  Enfermero / Heather Miller.
        p. cm. — (Esto es lo que quiero ser)
Includes index.
  Summary: A simple introduction to the equipment, uniform, daily duties, and other aspects of the job of a nurse.
  ISBN 1-40340-380-5 (HC), 1-40340-602-2 (Pbk)
  1. Nursing—Juvenile literature. 2. Occupations—Juvenile literature. [1. Nursing. 2. Occupations. 3. Spanish language materials.] I.Title.
  RT61.5 .M5318 2002
  610.73'06'9--dc21

                                    2002068678

Acknowledgments
The author and publishers are grateful to the following for permission to reproduce copyright material:
p. 4 Keith Brofsky/PhotoDisc; p. 5 Pete Saloutos/Corbis Stock Market; p. 6 Richard Price/FPG International; p. 7 Arthur Tilley/FPG International; pp. 8, 9, 14 Corbis Stock Market; p. 10L Frank Siteman/Mira.com; p. 10R Novastock/ International Stock; p. 11L Keith Brofsky/PhotoDisc/Getty Images; p. 11R Michael Keller/Corbis Stock Market; pp. 12, 16 Adam Smith/FPG International; p. 13 David Buffington/PhotoDisc; p. 15 Andy Levin/Photo Researchers, Inc.; p. 17 V. C. L./FPG International; p. 17 Susie Leavines/Photo Researchers, Inc.; p. 18L Tommy Ewasko/The Image Bank/Getty Images; p. 18R Andersen Ross/PhotoDisc; p. 19 David Joel/Stone/Getty Images; p. 20 Charles Gupton/Corbis Stock Market; p. 21 Bill Horsman/Stock Boston; p. 23 (row 1, L–R) Bernardo Bucci/Corbis Stock Market, C Squared Studios/PhotoDisc, EyeWire Collection, Corbis Stock Market; p. 23 (row 2, L–R) Corbis Stock Market, Corbis Stock Market, Keith Brofsky/PhotoDisc, Comstock Images; p. 23 (row 3, L–R) Eric Fowke/PhotoEdit, David Joel/Stone/Getty Images, Corbis Stock Market, Corbis Stock Market; p. 23 (row 4) Science Photo Library/Photo Researchers, Inc.

Cover photograph by Ron Chapple/FPG International
Photo research by Scott Braut

Every effort has been made to contact copyright holders of any material reproduced in this book. Any omissions will be rectified in subsequent printings if notice is given to the publisher.

Special thanks to our bilingual advisory panel for their help in the preparation of this book:

Anita R. Constantino
Literacy Specialist
Irving Independent School District
Irving, Texas

Aurora García Colón
Literacy Specialist
Northside Independent School District
San Antonio, TX

Argentina Palacios
Docent
Bronx Zoo
New York, NY

Leah Radinsky
Bilingual Teacher
Inter-American Magnet School
Chicago, IL

Ursula Sexton
Researcher, WestEd
San Ramon, CA

We would also like to thank Michelle Schaffner, R. N., of Stanford University Hospital, for her help in the preparation of this book.

Unas palabras están en negrita, **así**.
Las encontrarás en el glosario en fotos de la página 23.

Contenido

¿Qué hacen los enfermeros?

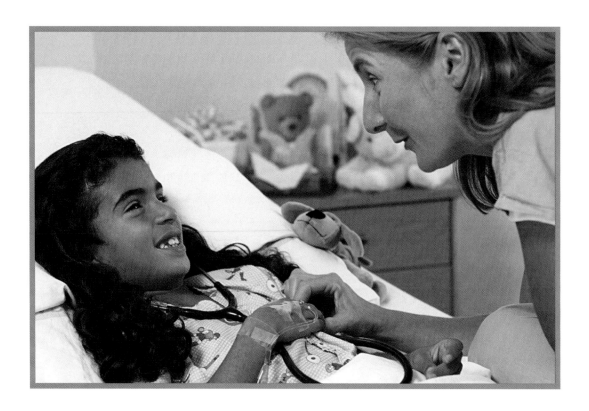

Los enfermeros nos cuidan la salud.

Nos cuidan cuando estamos enfermos o heridos.

Los enfermeros trabajan con los médicos.

Nos enseñan cómo cuidar la salud.

¿Cómo es el día de un enfermero?

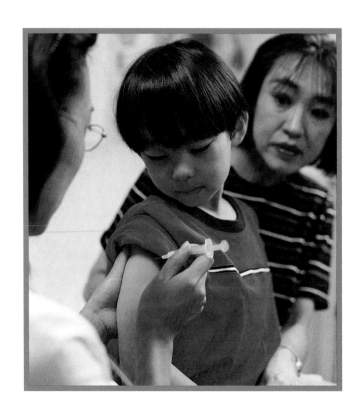

Los enfermeros atienden a muchos **pacientes** cada día.

Nos ponen inyecciones y nos dan **medicinas**.

Los enfermeros atienden a personas enfermas y a personas sanas.

A veces, ¡los enfermeros nos dan dulces!

¿Qué equipo usan los enfermeros?

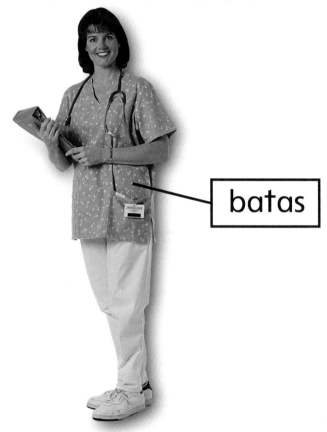

batas

Muchos enfermeros usan **batas**.

Las batas pueden ser blancas o de colores brillantes.

gafete

Los enfermeros se ponen un **gafete** para que sepamos cómo se llaman.

Por lo general usan zapatos blancos.

¿Qué herramientas usan los enfermeros?

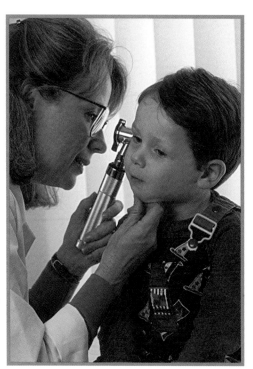 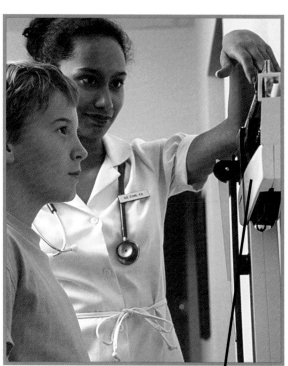

báscula

A veces los enfermeros nos miran los oídos con un **otoscopio.**

Nos pesan con una **báscula.**

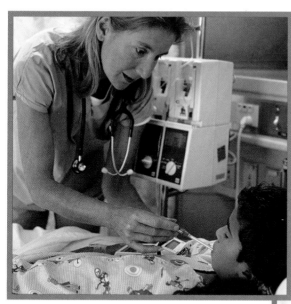

Nos ponen un **termómetro** para
ver si tenemos fiebre.

Esta enfermera oye los **pulmones**
de un niño con un **estetoscopio.**

Los enfermeros también trabajan en escuelas.

Ayudan a los niños enfermos o heridos.

¿Trabajan en otras partes?

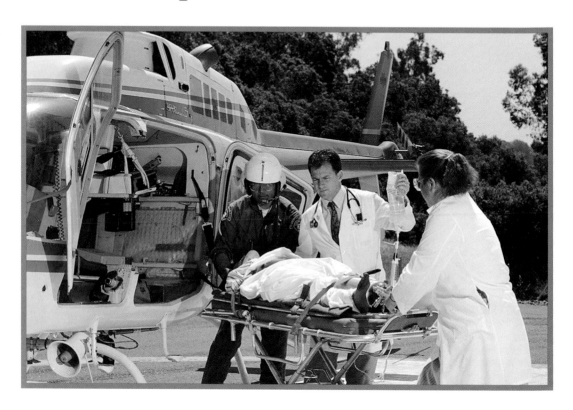

Unos enfermeros viajan en **helicóptero**.

Atienden a heridos graves.

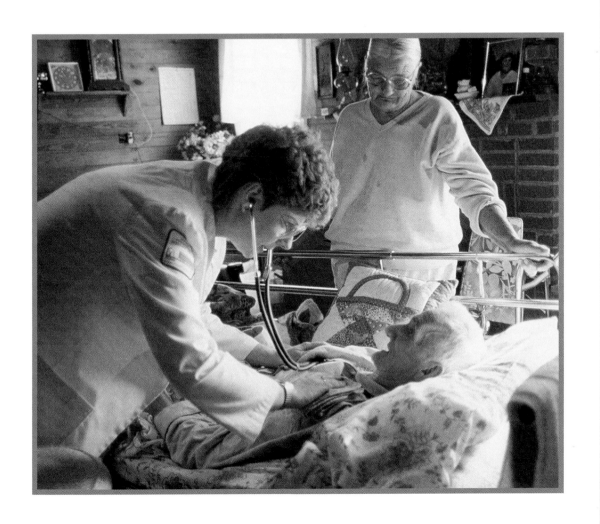

Hay enfermeros que van a ver
los enfermos a la casa.

Van a muchas casas cada día.

¿Cuándo trabajan los enfermeros?

Hay enfermeros trabajando todos los días de la semana.

Unos trabajan durante el día.

Otros trabajan de noche.

Los enfermeros también trabajan
los días de fiesta.

¿Qué clases de enfermeros hay?

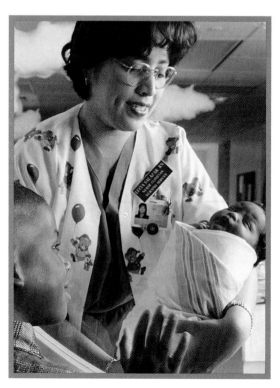

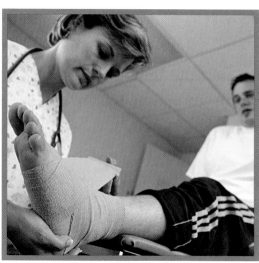

Unos enfermeros atienden a los bebés recién nacidos en el **hospital**.

Otros trabajan en la **sala de urgencias**.

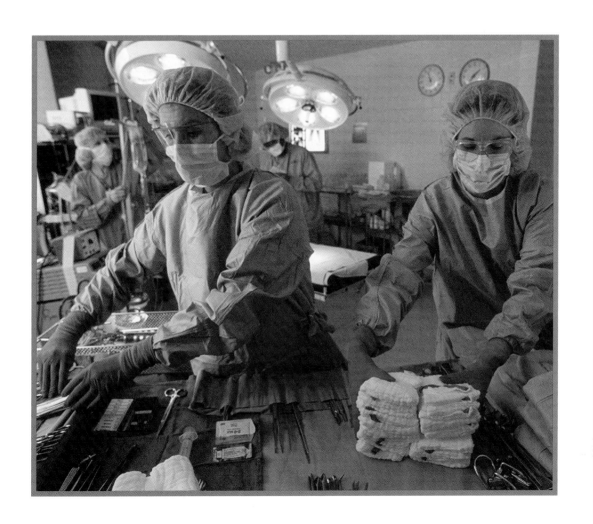

Unos enfermeros ayudan
en la **sala de cirugía.**

Les dan a los médicos las
herramientas que necesitan.

¿Cómo aprenden los enfermeros?

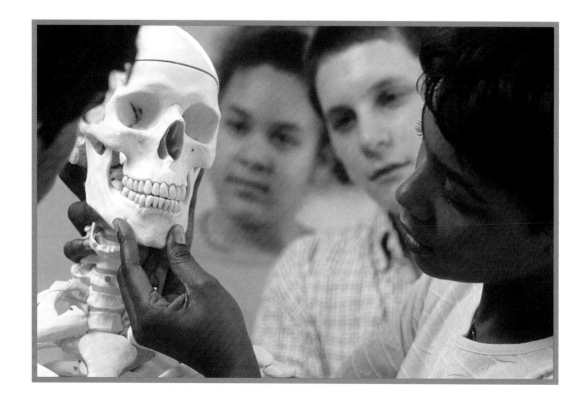

Los enfermeros estudian en la universidad o en una escuela de enfermería.

Estudian matemáticas y ciencias.